Mario Pirata

A volta do Bicho-Poesia

ilustrações:

Dados Internacionais de Catalogação na Publicação (CIP)
(Câmara Brasileira do Livro, SP, Brasil)

Pirata, Mario
   A volta do Bicho-Poesia / Mario Pirata; ilustrações Jótah. — 3. ed. —
São Paulo : Paulinas, 2012. — (Coleção cavalo marinho. Série con-verso).

ISBN 978-85-356-1039-0

1. Literatura infantojuvenil   I. Jótah   II. Título.   III. Série.

12-06483   CDD-028.5

Índices para catálogo sistemático:
   1. Literatura infantil   028.5
   2. Literatura infantojuvenil   028.5

Revisado conforme a nova ortografia

3ª edição – 2012
2ª reimpressão – 2018

Direção-geral: *Flávia Reginatto*
Editora responsável: *Maria Alexandre de Oliveira*
Copidesque: *Luciana Miranda Penna*
Coordenação de revisão: *Andréia Schweitzer*
Revisão: *Ana Cecilia Mari e Patrizia Zagni*
Direção de arte: *Irma Cipriani*
Gerente de produção: *Felício Calegaro Neto*
Ilustrações: *Jótah*
Produção de arte: *Marta Cerqueira Leite*

Nenhuma parte desta obra poderá ser reproduzida ou transmitida por qualquer forma e/ou quaisquer meios (eletrônico ou mecânico, incluindo fotocópia e gravação) ou arquivada em qualquer sistema ou banco de dados sem permissão escrita da Editora. Direitos reservados.

Paulinas
Rua Dona Inácia Uchoa, 62
04110-020 – São Paulo – SP (Brasil)
Tel.: (11) 2125-3500
http://www.paulinas.com.br – editora@paulinas.com.br
Telemarketing e SAC: 0800-7010081
© Pia Sociedade Filhas de São Paulo – São Paulo, 2003

Bicho-Poesia é um livro que me deu

(e vem dando) muitas alegrias, desde

a sua primeira edição, isso em 1997.

Tantas escolas e alunos, tantos professores.

Tantas respostas e novas perguntas...

O que aconteceu? Um novo livro, é claro!

Olha aí o meu amigo Bicho-Poesia de volta!

Eu escrevi e Jótah desenhou.

Abra a gaiola da cachola

porque a poesia continua

correndo entre os bichos

do nosso querido planeta Terra.

Um grande brincabraço,

Mario Pirata

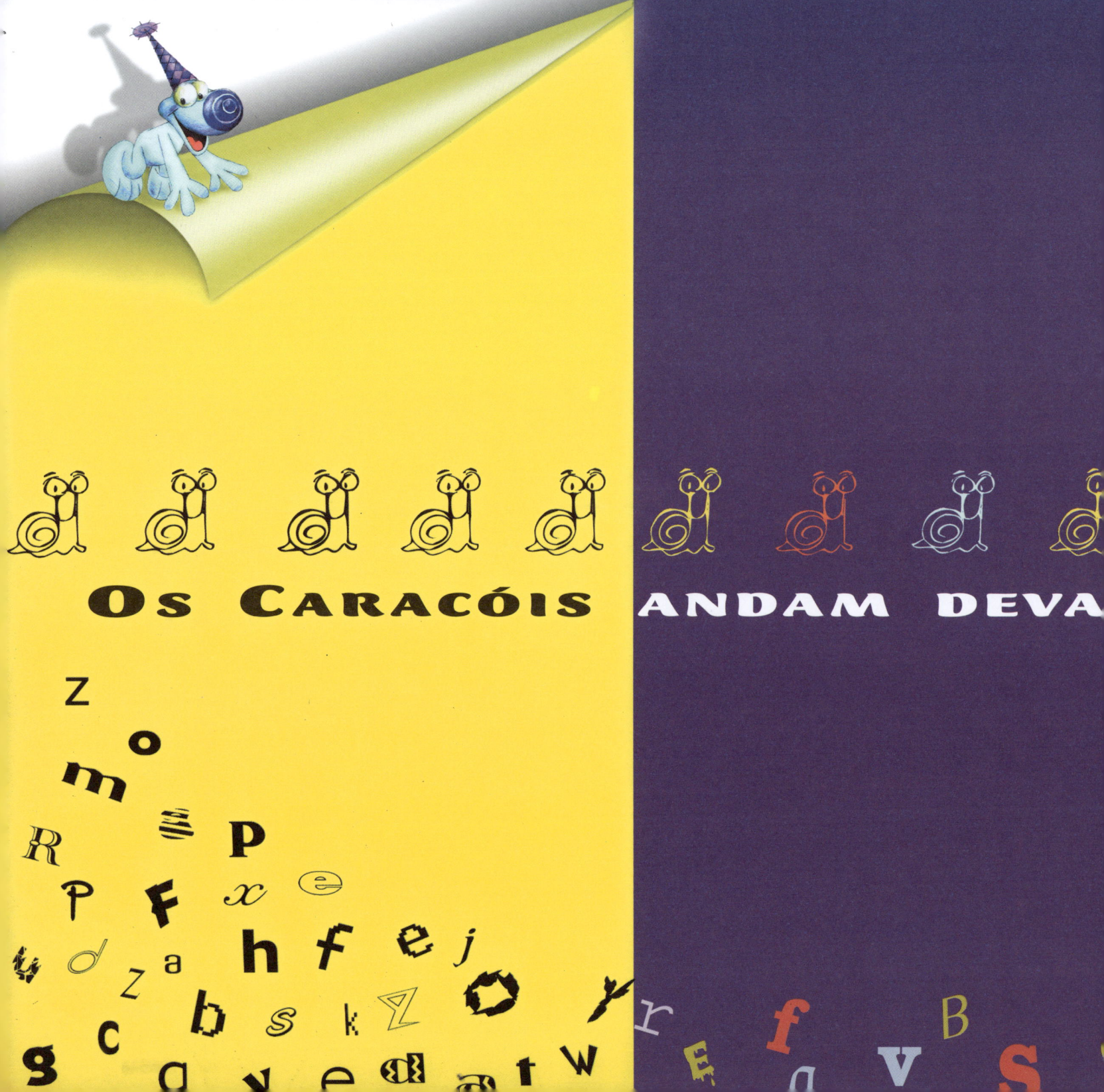

DO QUE ELE GOSTA? O MACACO GOSTA É DE NAMORAR A MACACA CARLOTA.

A FLOR
VERMELHA

V
O
A
N
D
O

É BORBOLETA
OU VIOLETA?

Jacaré não bebe café,
não come acarajé
na beira da lagoa.

Jacaré quer ficar
namorando a Jacaroa
na beira da lagoa.

Os dois, assim,
brincando de canoa
na beira da lagoa.

Na ilha de Java
há Javalis.
Ali, logo ali,
onde eu nunca vi!

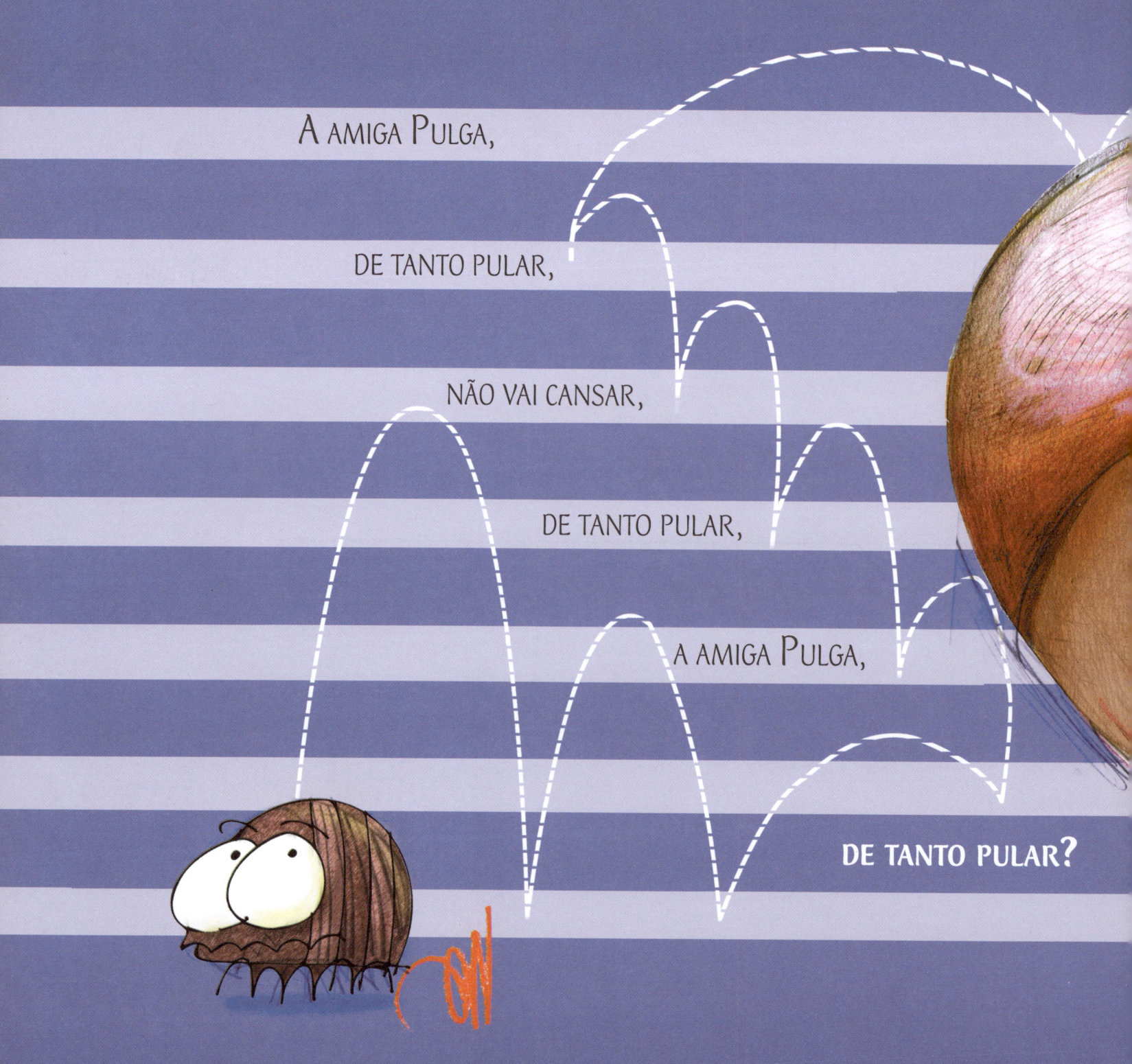

Come bolo de coco,
bebe guaraná
(porque não é bobo).
Quem é, quem é?
O Lobo-guará!

CACHORRO CORRENDO DESCE O MORRO CORRENDO PORQUE ESTÁ QUERENDO PEDIR SOCORRO?

O CANTO DO GRILO. NADA É CAPAZ DE FERI-LO.

O Pinguim
não come capim,
não come aipim.
O que ele come
quando está com fome?

O Pinguim come
um prato de pudim
com gergelim.
Ai de mim,
será que a rima ficou ruim?

A Lagartixa
desliza
lisa, lisa,
solta como faísca.

Desenha a parede,
arisca, arisca.
Como um risco de giz
na mão do menino.

Era uma vez
um Mosquito tímido:

PSSSSSSSSSSSSSSSSSSSSSSSSSSSSSSSSSSSSSSSSSSSSSSS... SUMIU!